EgoAzul

Editora Appris Ltda.
1.ª Edição - Copyright© 2020 dos autores
Direitos de Edição Reservados à Editora Appris Ltda.

Nenhuma parte desta obra poderá ser utilizada indevidamente, sem estar de acordo com a Lei nº 9.610/98. Se incorreções forem encontradas, serão de exclusiva responsabilidade de seus organizadores. Foi realizado o Depósito Legal na Fundação Biblioteca Nacional, de acordo com as Leis nos 10.994, de 14/12/2004, e 12.192, de 14/01/2010.

Catalogação na Fonte
Elaborado por: Josefina A. S. Guedes
Bibliotecária CRB 9/870

H557e
2020
	Hernandez, Josélia
	    EgoAzul / Josélia Hernandez. - 1. ed. – Curitiba: Appris, 2020.
	    73 p. ; 21 cm – (Artêra)
	
	    ISBN 978-85-473-4524-2
	
	    1. Ficção brasileira. I. Título. II. Série.
	
	                                                      CDD – 869.3

Editora e Livraria Appris Ltda.
Av. Manoel Ribas, 2265 – Mercês
Curitiba/PR – CEP: 80810-002
Tel. (41) 3156 - 4731
www.editoraappris.com.br

Printed in Brazil
Impresso no Brasil

Josélia Hernandez

EgoAzul

FICHA TÉCNICA

EDITORIAL	Augusto V. de A. Coelho
	Marli Caetano
	Sara C. de Andrade Coelho
COMITÊ EDITORIAL	Andréa Barbosa Gouveia (UFPR)
	Jacques de Lima Ferreira (UP)
	Marilda Aparecida Behrens (PUCPR)
	Ana El Achkar (UNIVERSO/RJ)
	Conrado Moreira Mendes (PUC-MG)
	Eliete Correia dos Santos (UEPB)
	Fabiano Santos (UERJ/IESP)
	Francinete Fernandes de Sousa (UEPB)
	Francisco Carlos Duarte (PUCPR)
	Francisco de Assis (Fiam-Faam, SP, Brasil)
	Juliana Reichert Assunção Tonelli (UEL)
	Maria Aparecida Barbosa (USP)
	Maria Helena Zamora (PUC-Rio)
	Maria Margarida de Andrade (Umack)
	Roque Ismael da Costa Güllich (UFFS)
	Toni Reis (UFPR)
	Valdomiro de Oliveira (UFPR)
	Valério Brusamolin (IFPR)
ASSESSORIA EDITORIAL	Evelin Kolb
REVISÃO	João Simino
PRODUÇÃO EDITORIAL	Lucas Andrade
DIAGRAMAÇÃO	Daniela Baumguertner
CAPA	Fernando Nishijima
COMUNICAÇÃO	Carlos Eduardo Pereira
	Débora Nazário
	Kananda Ferreira
	Karla Pipolo Olegário
LIVRARIAS E EVENTOS	Estevão Misael
GERÊNCIA DE FINANÇAS	Selma Maria Fernandes do Valle
COORDENADORA COMERCIAL	Silvana Vicente

*Cecília, Rosinha, Heloina, Julieta Sumie e Sheila:
meu Livro dos Amores.*

*Esta coletânea é para todas vocês, com quem
aprendi e aprendo tanto.*

Ana Maria Dutra Mantovani e
Maria Celeste Consolin Dezotti,

muito obrigada!

Que pode uma criatura senão,
entre criaturas, amar?

(Carlos Drummond de Andrade)

APRESENTAÇÃO

Depois de um longo tempo, reencontrei colegas da época da graduação que me perguntaram se eu continuava escrevendo. Quando respondia "só textos técnicos", a reação deles era a mesma: "que pena...".

Naquela época, éramos estudantes de Letras, mas hoje alguns são professores doutores na área de Linguística ou Teoria Literária. Diante disso, dei-me conta, questionei-me se valeria a pena pensar em publicar meus contos e concluí que essa era a motivação que me faltava para iniciar tal façanha, afinal havia um antigo desejo de realizá-la, porém ele sempre se diluía na dificuldade de encontrar uma editora que abraçasse tal ideia, até que a encontrei.

As primeiras versões dos contos aqui selecionados passavam por uma prova delicada. Era uma espécie de sarau, quando eu lia para os meus amigos a composição concebida, momento em que, ou recebia um surpreso elogio, ou sofria uma crítica mordaz, o que também me influenciava numa tomada de atitude para tornar pública a natureza primeira daquelas *narrativas orais*.

O ponto de chegada dessa coragem toda se explica por algumas palavras a mim um dia dedicadas por uma amiga: "Olhar meu... vela. Sangue que circula pelo ar quente e pesado. Vivo no mundo, vivo pelo quente que sobrevive em tudo, apesar de tudo". Elas me caem tão bem, pois delineiam justamente a forma como sinto as relações humanas. Em meus solilóquios, quando românticos, faço histórias de amor e escrevo pelo pensamento linhas poéticas. Algumas delas foram codificadas, tomaram forma, viraram páginas, incorporaram-se em contos e agora se materializam em livro. E é nos detalhes, que compõem cada um desses contos, que busco, talvez, algo até impossível: a descrição da relação amorosa a fim de chegar ao seu próprio entendimento.

Ora, não haveria outra forma de começar essa busca, caso não relesse a mítica história de *Eros e Psiquê* no conto que abre este livro, "O sexo de Eros".

Em seguida, coloco em cena o prazer de "O amante" ao lado de sua inaceitável (será?) condição de sê-lo em nossa cultura, apesar da beleza havida em tantas histórias proibidas como essa.

Em se tratando de amores escondidos, "O beijo da rã" sutilmente desvela o amor tecido pelas telas do computador, cujos segredos levam o anonimato virtual e real a um êxtase no mínimo peculiar.

Se por um lado a tecnologia serve como pano de fundo para aquela experiência, por outro, há em "Redescoberta" quem acredita no empirismo para manipular o amor. Ou ainda, quem para si o manipula, como ocorre no conto "A tela".

A história que empresta à obra o seu título, "EgoAzul", cujo subtítulo é "(ou a mulher do azulejo)", entrega ao leitor os caminhos inimagináveis pelos quais se corre o risco de percorrer quando se enlouquece por uma paixão.

Esta paixão, sempre de mãos dadas com a indiferença, é construída e desconstruída em "A padaria" pelas barreiras sociais e políticas que subjugam o ser amado, relegando-o à inóspita desilusão e ao assombrante aniquilamento.

Em "À flor da noite", o que era para ser um encontro casual aliena, até fisicamente, o ser amoroso, cujo corpo exaurido pelas ondas desse sentimento avassalador perde a tão humana sensibilidade tátil, que nos faz passível de ser dor e prazer ao mesmo tempo.

Para finalizar, "A agulha" nos conta como costurar o amor e a vida sem a pessoa se dar conta de si própria.

Na enunciação de alguns desses contos, antes mesmo de serem concebidos, eles já haviam sido dedicados a enunciatários queridos, os quais, caso tenham a oportunidade de relê-los, (re) encontrar-se-ão neles.

Todavia, não fosse o incentivo para o exercício e o prazer da escritura, proporcionado pela minha professora de Português no antigo segundo grau (ensino médio), – o que resultou, em 1983, na publicação de meu primeiro conto "Misantropia aguda" na coletânea *Entre nós* –, e a generosidade de minha professora de Grego clássico na faculdade, que me ensinou não só os segredos da sintaxe da língua grega como também os da língua portuguesa, não estaria eu agora dedicando este livro para você, leitor.

Portanto, espero que sua leitura traga reflexões para que haja mais e mais amor (com certeza, até em outras diferentes formas de manifestações daquelas aqui retratadas). Afinal, é dele, indubitavelmente, que este mundo de hoje mais precisa.

Josélia Maria Costa Hernandez, 2019

A BUSCA PELO INEFÁVEL

Prefaciar os contos de Josélia Hernandez é, ao mesmo tempo, um prazer, um retorno no tempo e um desafio. Alguns dos contos aqui apresentados datam da época de nossa convivência na universidade, durante o curso de Letras na UNESP de Araraquara-SP. Tempo de muita partilha: de livros, de anotações de aulas, de lanches e almoços e, para os mais próximos, daquilo que se escrevia em "segredo", o que não se ousava mostrar aos mestres, mas se compartilhava entre os iguais.

Ao reler alguns desses contos, sobretudo o que dá nome ao livro, toda uma vida e um grupo de amigos voltou à minha mente. Resgatar o tempo, matéria essencial para toda e qualquer vida/história, é um prazer. Nós somos feitos de tempo, não o automático do relógio, mas o dos atos realizados no passado que nos transformaram, as vivências que calam fundo em nossa memória e contribuíram para estruturar o que somos hoje.

O ato de contar histórias ocupa-se exatamente disso: o tempo, ele existe e é como tempo que nós vivenciamos a nossa vida. Contar histórias é lidar com o tempo, com o fato de a vida ser finita. O medo dessa finitude é, naturalmente, superável por algumas práticas, como a filosofia ou a religião, mas resta a tristeza pela finitude e esta não é superável, pode ser negada ou aceita. Contar histórias tem alguma coisa a ver com isso, com aceitar a dor. É a tristeza natural dos homens que faz deles contadores de histórias, portanto, sem o conceito de tempo não haveria histórias.

Nos contos da Josélia, o tempo momentaneamente se estanca, avoluma-se nas pontas dos dedos da escritora e, por vezes, de suas personagens. A literatura não é a vida, não é a descrição da vida, é algo suplementar. Nela a língua assume uma função diferenciada da fala. A literatura só pode surgir pela ausência da fala, pela recusa da fala – no silêncio/solidão. E é conjugando esses dois eixos, o tempo e o silêncio/solidão, que a autora faz fluir suas narrativas.

O gênero conto aproxima-se da poesia, sobretudo neste livro, por não apresentar nos textos uma estrutura distendida de prosa. Os contos são criaturas vivas, organismos completos, ciclos fechados e que respiram. *Eles respiram.* Não o narrador, como no romance e na novela, mas a própria linguagem. Todos são marcados pela tensão, pelo ritmo, por uma pulsação interna, o imprevisto dentro de parâmetros pré-vistos – uma liberdade total, que não admite alteração sem perda irreparável, como no *jazz.*

Enxutos, potencializam vertiginosamente o mínimo de elementos, eliminando os circunlóquios. A narrativa, como uma bolha de sabão, desprende-se do autor, a tensão interna da trama busca o limite, o recorte que abre para uma realidade mais ampla, como em uma foto, quando se captura o impensável. Os contos trabalhados em profundidade são abissais, mergulham o leitor em sua verticalidade atordoante. Neles não há uma verdade, mas possibilidades de verdades. Fragmentados, intensos, jogam com o caráter duplo próprio da condensação da linguagem.

Hemingway, em *A teoria do iceberg,* diz que o mais importante nunca se conta. A história secreta se constrói com o não dito, com o subentendido e a alusão. Já para Cortázar, o conto é como um caracol da linguagem, secreto e voltado para si mesmo, uma cicatriz indelével no leitor que o mereça. Assim são os contos de Josélia Hernandez, uma busca pelo inefável, jornada inebriante, que aos poucos se desenrola, deslizando macia e imperceptível sobre o corpo do leitor, envolvendo-o.

Flávia Marquetti

Verão de 2019

SUMÁRIO

O SEXO DE EROS 19

O AMANTE 21

O BEIJO DA RÃ 23

REDESCOBERTA 25

EGOAZUL (OU A MULHER DO AZULEJO) 31

A PADARIA 41

A TELA 55

À FLOR DA NOITE 59

A AGULHA 65

O SEXO DE EROS

E era ele, era ele em suas plumas de ouro-azul, densas e frissulando o ar com gargalhadas em longas notas. Dançava e eram os passos, aqueles mesmos de sempre, que suavizavam a emoção de ser da classe, saboreando o asfalto da humanidade.

Ah! Era ele.

O riso da borboleta galopeando pelo céu do teto, ladeado pelo brilho branco da felicidade.

Não se sabe direito!?

Mas, era ele.

Saltimbanco do que se guarda entre o coração e o beijo.

Era, era sim...

E de costas transparenciava-te o reflexo do teu olhar, o próprio espelho da tua alma.

Certa feita, mirou-te de olhos lunáticos de estrela de pierrô inesperado, equilibrado pelo seu próprio sorriso em vermelho, e gritou-te:

— Viva!

Era o mundo de quimera outra vez, mas se realizando em miragens obscenas do toque apenas carinhoso em imagens do teu gesto de inferenciar entre sua lógica forma de ver a vida.

Ele pousa o beijo nos cabelos frouxos pelo travesseiro em inocente sono, cujo murmúrio, em movimentos imperceptíveis, desperta a semideusa, como que em perfeitas semifusas, o canto agridoce do carmim, em força, na fibra tão víbora do consciente desejo de só ser humano.

Ai! Quero-te, beijo imberbe, emparelhando-te em mais um dos cofres das minhas sensações, aprisionando-te em voos rápidos e largos da sem portinhola gaiola.

Beijo parado.

Cena congelada.

Filtro gráfico da minha alma.

Vontade de separar-te em dois, retalhar-te essas entranhas vazias de desilusões, vendo-te nascer de dentro de seu corpo de novo, como se não acabasse nunca mais.

Porém, par – classe imperfeita.

O lado que escolhemos um.

O outro que escolhemos lado. Talvez, até alado, no entanto agora desasado em dor. Vitória-alada, sem asas, calada.

Sem ser ele, acabava de não ser ele.

Eros

Predestinado que, camuflando a virgem de cabelos louros, como que barrocas, esfacelou-se para lados opostos: um, dizem que, quando se escondeu no punhado arrancado daqueles cabelos, envolveu-se nele, e, de tanto que ziguezagueava com apenas uma de suas penas, perdeu-se no novelo amarelo, tornando-se cada vez maior, maior. E era uma coisa tão grande, tão onipotente que lhe deram o nome de Uma. Outro, contam que, com a dor do corte, cerrou os olhos em cegueira única, como a do Caos quando cerra ou encerra o contemplar, a vida, e, em gestos esprementes expeliu a mais bela lágrima que de tão brilhante, deram-lhe o nome de Duas.

Uma, Duas,

Uma, Duas...

Assim era o som de Eros, agora, embora.

O AMANTE

Dava para escutar o sino batendo de alguma matriz.

A poluição pairava no ar. No apartamento 39 da Rua do Imperador, era puro calor. Só calor.

Dentro do psicológico dos dois rondava algo de inverno. Algo de inferno.

Ela sabia que era hora do expediente. O marido não voltaria tão cedo.

O amante se derretia entre os intervalos dos cigarros. Talvez fosse isso que o atraía a ela: com a cerveja, escrevia pelos cigarros o ato de amor.

Ela solta na cama.

Ele preso no tempo.

O marido... o marido trabalhando.

Os carros passavam. E ele observava o corpo nu daquela mulher que não era dele. Que não era do marido. Que não era dela própria. Simplesmente era. Puramente estava.

Levantou-se o amante, já com o corpo flácido das horas, com o sexo inerte das farsas que o satisfaziam.

Não pôs roupa. Pôs sua gravata marrom e um chapéu verde-oliva. Olhou-se no espelho, que estava mofado pela umidade. Descobriu as rugas do espelho, não dele. O espelho não era ele. O espelho só o acontecia sem dor. Ele não tinha dor. O amante tinha o prazer do mistério de ser amante.

Olhou-se. Apertou o pelo encravado de um bigode teso. Passou a ponta do papel higiênico. Saiu um sangue diáfano, quase já vidro.

Virou de repente para ver se sua mulher do então respirava.

Respirava.

Respirou aliviado.

Voltou e ajeitou a gravata marrom. Num riso tosco, gostou da fantasia que era arredia a todos os seus caprichos: a gravata não caía como numa seda; caía como num babado de pelos. O chapéu não escondia as pontas dos cabelos molhados pelo suor – do calor ou do amor?

Quis tomar banho, porém ainda fumava.

Olhou-se outra vez no espelho.

Não notou as horas.

Espremeu outro pelo do rosto.

Não tirou a gravata.

Puxou a aba do chapéu.

Não olhou as horas.

Sorriu na frente do espelho.

Não limpou o outro sangue diáfano, quase vidro.

Virou para ver se ela respirava.

Não notou o homem.

E ela não mais respirava.

Não notou o tempo, que já não mais existia.

O sangue... diáfano... coagulou... no rosto.

O sangue vermelho da vida manchou a gravata marrom, por causa do despeito de não se ter um chapéu verde-oliva, aquele que ficou esquecido, caído, na pia do enquanto,

Na ira do então...

O BEIJO DA RÃ

Eu quero escrever uma história de amor; eu quero escrever a história de duas deusas, quero escrever a história impossível de ser escrita; mas eu vou escrever, pois ela flui de meus dedos. Ela sobe as escadarias de meu corpo e rasga meu coração pedindo passagem.

Não sei direito quando tudo isso começou, talvez num murmúrio, numa palavra, num olhar imaginado. Talvez na própria batida descompassada da música, das teclas, da noite, do meu peito, do seu beijo na bochecha.

E, desde o início se sabia do segredo sussurrado dos sêmens vivos inconcebíveis, mas em imagens escarlates perfez-se o desejo delas duas. Era um toque ímpar e, apesar de intangível, não efêmero.

Eu só sei que elas descerraram a tela e nela começaram a pintar todas as cores de maio. Nunca se amaram tão intensamente, como naquele maio. Às vezes, o contorno de cada corpo suavizava a silhueta da verdadeira situação. Subia um toque, com uma cor mais fria, em novelos, em círculos, em profundas ventanias. Era uma cor cinza, a cor da dor e do prazer ao mesmo tempo, do ódio e do amor, do dia e da noite, que gradativamente tomava uma cor conhaque, quando era servida uma taça de vinho branco.

Geralmente, ela se envolvia numa *écharpe* de branco transparente. Seu cabelo liso, sua testa lisa, seu nariz fino, seu suave olhar aquilino. Dos lábios, o sorriso maroto num movimento leve de quem sabe roubar o beijo sorrateiro... Aquela seda esvoaçava, e as taças vinham dançando. Respingavam algumas gotas. Era bom mesmo que fosse branco, o tinto tinge. No entanto, não precisava do tinto

Joselia Hernandez

para tingir nada, pois pairava a paixão nos movimentos dela. Tudo era lento, lindo e leve ao mesmo tempo.

Havia na conversa algumas escalas em tons menores, esse momento reservava-se para o real, mas aos poucos se transformava na fantasia aguda do beijo ora tácito, ora na palma da mão, ora _caliente_, ora das profundezas de cada uma, da varja calada de cada uma: o beijo da rã.

O dia era belo, tudo era belo, tudo cheirava a maio. Não precisava haver os outros meses. A impressão que dava é que era uma tomada cinematográfica da vida das duas com as grandes divas em fotogramas sorrindo todos os sorrisos, o maroto, o sensual, o tentador; o belo, o sóbrio, o triste, o único.

Eu via todas as palavras sendo articuladas numa sensação de que tudo isso fosse existir para sempre, não apenas até o final da taça de vinho branco, agora caído ao lado esquerdo da tela, em boa hora protegida pela _écharpe_ também branca.

Daquela ventania anunciada e acontecida na noite do quadro, somente uma brisa suave pela janela que trava e que não permite os sonhos em liberdade. As duas aninhadas nuas e lindas. Ela debaixo, abraçada por trás. Ensaio fotográfico na presença de LaChapelle.

Realidade pura em janelas agora fechadas, gravadas em algum caminho de minha memória, esvaecendo pela ira de meus dedos insanos em busca do toque na tela, na pele da letra que nos tornou tão uma pra outra quanto outra em uma: únicas.

Quero sua mão, levante-se, envolva-se na sua écharpe, depois em meus braços. Venha comigo, transpasse o que já pintamos nesta tela, pois atrás deste mundo colorido de noites de maio, esconde-se o suave campo de trigo, quando a brisa em céu azul testemunhará nosso singular amor.

REDESCOBERTA

A casa não era mal-assombrada nem velha. Era sombria. O cano da laje entupira. Quando vinham grandes tempestades, transbordava uma água suja, negra, pela borda do telhado e manchava toda a pintura azul clara esfarelada da parede.

A janela da frente nunca foi aberta. A casa nunca foi aberta. Deveria cheirar pior que pano de chão debaixo da pia fechada.

A alma da casa nunca foi violada, tão pouco pelo carteiro, que dos homens é o único no direito de violação.

Às 9h da manhã, infalivelmente, ele saía com seu guarda-pó branco já vestido. Trancava a porta, chutava algumas folhas secas que dormiam na varanda, acendia um cigarro curto. Não gostava de *king size*.

Até era simpático: sempre dizia "bom dia" para a vizinha da frente, que também não deixava as folhas descansarem, nem as do canto da guia.

Caminhava duzentos e trinta e seis passos. Chegava ao prédio de pesquisas químicas. Batia o cartão, olhava o mural, parava no bebedouro, para ver se estava limpo e assim notar sua expressão enquanto bebia água, virava à esquerda e entrava no seu reduto tanto profissional, quanto psicológico.

Já começava a ficar excitado com as horas, sem mesmo tomar em suas mãos as luvas descartáveis. Não precisava tomar café. O tempo é mais excitante e faz que se mantenha o fogo invisível do rosário incandescente da vida tão presente.

Josélia Hernandez

Responsável pela seção, podia entrar sozinho na sala de anatomia e começar, logo pela manhã, o delírio da descoberta.

Quinze para as onze. Abriu a gaveta do balcão de frascos e pegou uma máscara branca, limpa, mas com as pontas esgarçadas, para se proteger do cheiro de formol.

O dia era muito especial. O auxiliar tinha faltado. Poderia ser então aquele...

Sobressalto!

Cadê a caixinha de alumínio? Esqueceu em casa, bem hoje! Onde encontrar outra?

Vasculhou aflitamente a sala por inteiro à procura de um recipiente semelhante, vasculhou como quem busca pelos dedos a paixão escapulida fora do tempo em algum canto dolorido do corpo.

Achou uma caixa. Era de papelão. Precisaria de um material menos poroso. Forrou com lâminas de análise. Demorou. As horas, tinha que já ter ido.

Correu três passos. O guarda-pó, aberto, voou pelos lados. À porta, notou o recinto vazio. Era véspera de feriado. Trêmulo, pegou a chave. Seguiu reto o corredor. Virou à esquerda, novamente. Pôs a máscara. Calçou as luvas. Confirmou a caixa no bolso. Suou seis gotas na testa. Raspou a ponta da chave no emblema da fechadura. Acertou na segunda vez.

O cheiro do formol era impregnante, fazia que os olhos lacrimejassem. Lacrimejaram, portanto, da sensação: os corpos nus, expostos, escuros, somente dele.

Na nona gaveta, o corpo de um homem, retalhada toda a pele. A busca era dos músculos.

Ainda foi sensível: um cadáver anônimo iria lhe dar a resposta, iria lhe dar a descoberta, iria lhe dar a mágica.

Tirou um bisturi, não usado, do bolso detrás da calça. Abriu a caixa e a deixou do lado da gaveta.

O cheiro do formol era forte. Agora, mais forte que as horas.

Lascou, timidamente, um pedaço de músculo de cada parte do artista coadjuvante anônimo. Jeitosamente distribuiu pela caixa.

O corpo havia sido deflorado para não mais desflorar.

Fechou a caixa. Fechou a gaveta. Limpou com a manga amarelada do guarda-pó já doze gotas de suor. Guardou o bisturi. Guardou a caixa.

Abriu a esperança. Esqueceu-se agora do formol, não mais das horas.

Saiu altivo. De novo riscou a fechadura. Andou silente. Só um lado do guarda-pó voava. O outro pendia pesado com a matéria-prima para a descoberta.

Chegou à sala. Fez um exercício de respiração, a fim de relaxar sua eletricidade. Fumou o segundo cigarro. Era só esperar as horas. Também, o feriado será no dia seguinte...

Satisfação.

Elucubrava a descoberta. Mas, que silêncio no prédio... Não é possível! Evasão! Além do porteiro...

Ora, porém, por que esperar as horas? Impaciência também alimenta doação.

A descoberta seria na sala. Não mais na casa sombria, contudo não mal-assombrada.

Chaveou a porta, depois de ter riscado o nome, que era outro, da fechadura.

Sentou-se perto do microscópio. Tirou a caixa do bolso. Abriu-a cuidadosamente e retirou de dentro dela os fiapos de músculos escuros. Colocou um por um debaixo da lente. Sorria em cada um. Sorriu de amor.

Depois, dissecou todos eles e os expôs ao sol: raio de sol condimenta sentimento.

Com o passar das horas, os músculos, simetricamente colocados sobre a mesa, três em pé e um deitado por cima, começaram

Joselia Hernandez

a endurecer. E era agora que ele tinha de tomar cuidado. O ponto certo do endurecimento: por ser duro demais, perdi o puro do amor.

Preocupou-se. Fumou o terceiro cigarro. Observava atentamente cada fiapo de músculo que já diminuíra de tamanho. Mas a quantidade, o tamanho, o aspecto não influenciavam em nada. Era preciso a qualidade, a essência, a perfeição. Daí a poção infalível.

As horas.

O coração em agonia de véspera de perda.

O coração em alegria de espera de parto.

Os músculos já estavam prontos. Secos, feios, sem cheiro.

Calçou outro par de luvas, pegou cada um deles com uma pinça e os depositou num filtro de papel, igual ao de café. Os músculos tostados ficaram ali, hermeticamente fechados.

Os músculos agora estavam sonhando. É preciso sonhar hermeticamente.

Procurou, com rapidez, o martelo de borracha. Começou a suar outra vez seis gotas na testa. Martelar delicadamente é quase impossível. A gente perde o controle. Mas, haveria de ter esse controle que se perde de vez em sempre pelo ar.

Respirou fundo.

Por que enxotar as folhas secas? A vizinha também não sabe de sentimentos.

O filtro estava na mesa. O martelo na mão. A emoção perdida. Hora de reencontrá-la.

Segurou com as pontas dos dedos o martelo, passando a triturar aqueles pedaços de antiga e futura vida.

Quase chorou quando abriu o filtro. Ainda não era hora. Peneirou o pó de química simples. Juntou com uma colher, sem deixar rastros, os fragmentos milimétricos dos músculos. Guardou num vidro.

Definitivamente, as horas não importavam mais. Foi embora. Amanhã vai ser feriado, mesmo.

O vidro fechado na mão quente.

Correu pelas ruas.

O guarda-pó quase que inteiro esvoaçava.

Chegou.

Não cumprimentou a vizinha que varria as folhas da tarde. Riscou a fechadura. Deixou a porta entreaberta. Correu até a talha.

Não! Antes pegou um copo de cristal.

Correu até a talha. Dois dedos de água. O copo em cima da mesa.

Ele era todo suor.

Abriu a mão. O vidro umedecido por fora. (E por dentro?) Tirou a tampa de plástico. Ainda sorria. Olhou devagarinho para dentro do vidro. Olhou...

O riso começou a cair ligeiramente... Os olhos saltaram antes de qualquer dor.

Largou-se na cadeira de almofadas vermelhas. Bateu a mão direita no copo de cristal que esfarelou longe, como o esfarelado da pintura azul. Soltou o vidro deitado na mesa, o qual rodou até a toalha de crochê, também vermelha. O vidro parou e dele saiu não um pó, porém uma gosma amorfa, feito lava de vulcão ensurdecido, não pululante, mas morta.

Deixou a casa, o copo (que já não era mais copo), o vidro, a massa como estavam.

Desceu cambaleante até o porão. Abriu a porta sem riscar a fechadura. Abriu um velho caderno de escola, no qual escreveu com palavras amargas que a primeira vez em que tinha tentado a magia do amor havia sido frustrada.

Deixou o escritório, o caderno, a caneta como estavam.

Subiu ao seu quarto, tomou um banho gelado. Fumou o quarto cigarro. Não quis ver as horas. Deitou-se. Só via no pensamento a próxima tentativa de reencontrar a química do amor num corpo

Josélia Hernandez

qualquer do laboratório, e criar, por meio da morte, uma alquimia para a solidão em vida.

EGOAZUL (OU A MULHER DO AZULEJO)

O apartamento era velho, bem antigo. Ela sempre teve a curiosidade de saber em qual década ele havia sido construído, mas ninguém o sabia.

Num final de semana prolongado, resolveu não ir à fazenda visitar os pais de seu companheiro. Eles não haviam adquirido confiança nela até então, embora a tratassem bem. Achavam-na taciturna demais. O filho era tão claro, extrovertido. Ela dava medo: não tinha uma aparência macabra; tinha os passos sorrateiros, os gestos pálidos, o olhar faiscante.

Sábado pela manhã, saiu às compras. Comprou algum material de limpeza. A cozinha estava imunda. É certo que não mexeria nas teias enegrecidas que se dependuravam pelos cantos das altas paredes. Nunca viu uma aranha. Elas apareciam na sua ausência, pois as teias estavam lá. As teias faziam parte de seu ritual meditativo. Era a partir delas que se conseguia entender um pouco do amor: emaranhados de sentimentos que se enredam num espaço limitado, onde o tempo age para transformá-los em uma massa informe e dolorida.

Ela não tinha conseguido escapar do sol de verão, que ardia mesmo cedo. Abriu a porta do prédio com dificuldade. Os pacotes eram poucos, mas desajeitados. Subiu os dezenove degraus, apagou a luz da escada e, enquanto tentava entrar no apartamento, derrubou o vidro de desinfetante. O cheiro de pinho exalou espaço afora.

Entrou, deixou os pacotes em cima da pia da cozinha, procurou a vassoura de piaçava e a pá e juntou os cacos, tão somente. O chão ficou branco e cheiroso. Parecia a sua vontade de ser imortal: branca e cheirosa, como os anjos; brancos, dizem que são... será que têm cheiro?

Alma tem cheiro. Ela descobriu quando limpava uma galinha para um almoço. Toda hora que pegava na galinha, aquela cabeça inerte de olhos rasgados e vazados caía de lá para cá. Irritou-se. Pegou o martelo de carne e brutalmente estraçalhou a cabeça da ave morta. Cheirou a miolos de galinha. E, assim, a mulher descobriu que sua alma cheirava a miolos de galinha. Se é que alma existe, ela está na cabeça, se eu tenho miolos – não de galinhas – como a galinha, minha alma tem esse cheiro.

Toda vez que ia limpar galinha, esmagava-a a cabeça para sentir o cheiro de sua alma.

Repensando no cheiro do anjo, sentou-se com um copo de água gelada na mão. Acendeu um cigarro longo. Ela não gostava de cigarros longos, mas só tinha aquele no bar. Tirou o sapato. Estendeu a perna numa outra cadeira. Observou sua unha encravada e achou que deveria fazer o pé. Espreguiçou os dedos e se sentiu mais relaxada. Olhou a cozinha que tinha que limpar. Os azulejos brancos engordurados e, nos vãos, um pó preto. Seguiu com os olhos azulejo por azulejo. Como se esqueceu do cinzeiro, bateu a cinza no chão. Iria limpar mesmo...

Pegou o papel da lista das compras, não o que ela levou, um primeiro que não deu o espaço – sua letra era graúda –, que estava ao seu lado e começou a queimar com a ponta em brasa do cigarro a beirada amassada daquela lembrança de contenção de gastos.

Saía uma fumaça atordoada da beira já tostada do papel que esvoaçava pelo ar, feito as listas de uma massa de sorvete de máquina, um pouco menor, porém.

Ela gostava daquela imagem viciante. Satisfez-se por esses instantes que até ficou descansada.

O cigarro já estava na faixinha dourada do filtro, e ela ainda não havia ornamentado o papel por inteiro. Deixou por fazer, igual quando se deixa de terminar de bordar, com a linha vermelha do sentido, a sombria beirada sóbria do querer mais próximo, quando aponta outro querer equidistante, porém aparentemente inspirador de segurança.

Ficaram a folha de compras e o querer-interrompido por terminar de fazer.

Ainda não tinha vontade de limpar a cozinha. Então, começou a empurrar as cutículas suadas e sujas. O queixo encostado entre os ossos de bailarina – ela era macérrima –, a boca carmim fornecendo a saliva para aquele serviço precário de manicura, a ponta de um grampo de cabelo, arredondada, servindo de espátula.

Na hora em que molhava o indicador esquerdo, olhou de soslaio para a parede. Era para o lado direito da cozinha (o esquerdo era um pouco mais limpo).

Contou as fileiras dos azulejos de cima para baixo, de um lado para o outro. Multiplicou. O total era estafante. Tirou o indicador da boca carnuda e continuou a empurrar as cutículas.

Mas, alguma coisa a questionava naquela parede. Com o tato procurava a beleza, com os olhos desvendava um quase segredo.

Contou novamente os azulejos, só os da parede direita e percebeu algo diferente.

Olhou rapidamente para seu dedo. Havia sido muito persuasiva com seu grampo. Cutucar demais dói de vez em sempre.

Chupou aquele sangue sem forças, voltando seu olhar para o quadrado branco que se perfazia estranho.

Tirou os pés, já espreguiçados, do banco, calçou seus sapatos comendo o calcanhar – sua mãe sempre dizia para não fazer isso, porque estraga os calçados – e se arrastou até o azulejo.

O cigarro, cheiro de papel e fumo salivado, fosse esquecido dentro de um quarto de madrugada. No chão ficou aquela sombra amarela e amarronzada em fio grosso, como cio envelhecido, envolta pelo farelo que de vício passou para o esquecimento.

Pelo ar, o ar de mata em pó: biodegradável em forma de bolha de desinfetante.

Das compras não sobrou qualquer preocupação. A cozinha era enorme demais para tantos acontecimentos nascidos. O lugar parecia o mundo de todos os prazeres. Ela já havia chupado o dedo.

A um passo antes daquele azulejo, vacilou o seu olhar. Receou a inquisição de seu subconsciente: a guilhotina imposta pela religião já esquecida, sombra transparente tatuada num pensamento em flocos acinzentado. Porém, havia que tomar uma decisão: ou ficar ou partir para a busca da limpeza, e esta haveria de ser plena, igual quando se lava o juízo descomedido, quando da solidão se recorre a uma taça de vinho tinto. Tinto porque a cor – personalidade compacta que desenha em traços fortes um pedaço de fantasia.

Arrastou-se até o guarda-roupa, a fim de trocar a roupa suada da rua pela roupa usada de casa. A de prazer estava esquecida na cesta. A máquina havia quebrado, e por aquela pairava o ar pesado e odoroso de qualquer cesta de roupa suja que, quando se abre, é a pura constatação de que se é impuro.

Ao tirar a camiseta, seios fartos e empinados sugeriam atração. Desvestiu a calça que escondia uma pele que persistia tesa, no entanto preferiu ficar nua a vestir a roupa de casa.

Logo em seguida, ao invés de ir à cozinha, dirigiu-se ao espelho do banheiro, e aquele corpo que há pouco rastejava ergueu-se despido de qualquer pusilanimidade em imagem metálica. Não podia ser ela! Era só virar de costas ou piscar os olhos que parava de existir.

Ficou na frente dela mesma um tempo que poderia representar toda a vida que ela não havia se percebido. A sua sensação mais delirante, quando intercalou dentre aqueles dois corpos – vivos? – a sua mão. Quis, no então, desenhar todos os traços de suas quatro mãos. O desenho verdadeiro e o desenho reproduzido: dedos redondos, roídos, morenos, ágeis, sujos, sensuais.

Precisava passar uma borboleta pela parede refletida só para ser lembrada que as paredes da cozinha a esperavam?...

A nudez preencherá a angústia de limpar gorduras.

Nua, a vassoura na mão esquerda, descabelada, a volúpia num sexo que se diria direito. Chinelos. O cheiro de pinho pelo ar. A galinha para fazer no almoço. Na geladeira, então, o cheiro da alma congelada.

Vontade de dançar um tango nu!

Com a vassoura?

Que seja:

Gardel.

O dia em que me quis em pelo, roçando na vassoura os delírios de alguns passos torpes, contudo sóbrios.

Quando a vassoura, envolta em seus braços, pôs fim à dança, ainda na clássica posição, ao levantar os olhos esperando aplausos por uma performance, assim, tão *sui generis*, deparou-se, outra vez, com aquele azulejo que parecia lhe falar. Largou a vassoura, do mesmo jeito que se deixa a dita matriz, para se inebriar com a formosura da outra que entra pelo salão.

Gardel rodava em sulcos sujos – chiados, pinho, nudez – perfeito convite a qualquer devaneio.

De joelhos na cerâmica vermelha, tateava um quadrado perfeito. Quatro cantos em riste, o dobro que no seu corpo, em forma arredondada, também estavam.

Sentiu seus joelhos amassados incharem. Afastou as pernas quase num triângulo equilátero e roçou a parte superior daquela perfeição em porcelana fria com um de seus seios. Apoiou suas mãos espalmadas nos outros, que completavam a cena, e corria pelo valo enegrecido de cima do azulejo a ponta marrom de seu seio direito.

Suando por causa daquele gozo incompleto, caiu feito bailarina.

Era a vez do esquerdo.

Os joelhos vermelhos por suportar a languidez de um corpo em brasa, o chão enrubescido pelo sexo que o molhara, as mãos suadas, os seios... os seios em uníssona união à loucura.

Josélia Hernandez

Pela parede engordurada corria uma saliva viva que só foi percebida quando escorreu até o motivo do prazer.

Ao limpá-la, com aqueles mesmos dedos sujos que há minutos eram apenas uma imagem metálica, ela notou que a massa estava se soltando.

Correu os quatro cantos do azulejo ao mesmo tempo em que correu os quatro cantos de seu pensamento. Meu Deus! O que estou fazendo? A minha sensualidade desvendada por uma cozinha de um apartamento qualquer, que para mim não tem origem. Nela, onde há tanto se esconde o que me há: a impureza, a alma, o descomedimento? Só podia ser na cozinha, onde todos os condimentos picam os desejos, transformando-os nas sensações mais ocultas, ou às vezes, pecam por declarar guerra ao sabor natural de qualquer paladar.

Deixou de lado essa quimera e começou a raspar aquele objeto de seu valor em carne viva.

Qualquer movimento inútil tornaria imperfeitos seus gestos, até mesmo dissimulados. A pressão das têmporas em olhos verdes de orgia sana desenhava o fato em si, traçava o canto em dor e, sem clave nenhuma, recorria ao único instrumento: seus dedos.

Com a unha do dedo médio, ainda em desejos, rasgou a parede fria, não frígida, que guardava ainda a eletricidade de seu tato. Rasgando esse tato, raspou a massa preta de gordura. Saboreando o calo com o indicador – de quais atos senão os de fato? – daquela falange, lentamente, se fez em altivez, quando tirou aquela cal insone (de tantas comidas insossas, de tantas noites, talvez, de zonas) de um azulejo alado, como se ele fosse a imagem ainda por fazer, como se fosse o ponto a costurar, um único, de um lençol tão às avessas, tão manchado de um suor de amor a conceber, no entanto fiel guardião do tesão mal resolvido.

A campainha!

Dolorida, malfadada campainha.

Os sons se passam, mas não se parecem.

Agora não era para ser a hora de qualquer emoção, senão aquela.

EgoAzul

Gás. É o gás. Afinal, a galinha... Como se isso resolvesse a falta de compreensão de qualquer pensamento, mesmo que fosse o da loucura.

A galinha. O gás.

A mão apoiada num joelho em pé; o outro, em fibra tesa num chão vermelho para se levantar. A outra mão, daquele dedo em curva, ainda no azulejo. A pressão neste seria fatal. Lentamente se levantou.

No murcho joelho em pé, – invólucro de alma, vetor em bico para a lua –, ficou entre as rugas da pele em pelos ralos e amassados a marca roxa de um fósforo esquecido naquele canto. Foi na última festa. Ele havia prometido limpar a cozinha. Eles, como se dominassem o canto único de muitas mulheres, mesmo dentro de qualquer vanguarda.

Dane-se o gás. Dane-se a galinha. Dane-se a minha alma!

O momento mais puro de sua solidão foi, quando do frenesi de seus dedos, percorrer algo de insano, tão humano por ter sido feito por mãos que puseram a mão na massa, que, mesmo fugaz, suavam na mesma película transparente da gota o gemido seco da constatação de se estar vivo.

Foi à geladeira e de lá tomou de uma romã. Ávida, estava saindo do seu mundo das sombras, de cujo instante, as sementes do fruto somente constatavam o palpável, já que se tinha feito primavera e verão.

Olhou de volta para seu objeto de desejo e de razão e retornou para aquela parede, agora já deflorada.

Sabia que atrás do esmalte do azulejo havia o cimento; e atrás deste, os tijolos em pilhas; e atrás destes, o barro, o forno, a mão que o forjou. E dessa mão, um corpo – de homem ou mulher? – e desse corpo uma cabeça, talvez tão inerte quanto à da galinha.

Buscasse, então, apaixonadamente, essa alma escondida entre as paredes.

Voltou ao azulejo e o contornou à flor da pele. Raspou o restante da massa fina com o dedo do calo de tantas reminiscências, e aos poucos aquele pó amarelado caía no chão. Insistiu mais rapidamente, já com as pontas avermelhadas, e conseguiu retirar todo o contorno.

Aquele azulejo parecia a tampa de seu sentimento mais nobre. Vacilou, pois. Saberia recolocá-lo e curar as marcas desajustadas que sobram de um último pedido?

Não só não o recolocaria como também abriria, num esforço sobre-humano, as entranhas do seu querer, pois era lá que encontraria os efeitos em preto-e-branco do que, para ela, era busca infinda: a causa da paixão, já que atrás desta mora a loucura. Ao mesmo tempo, jogava com seu possível insucesso, porque a busca da legítima essência amorosa nunca chega ao fim, pois, ou se finda antes de encontrá-la, ou se enlouquece por saber de que se é capaz de um sentimento tão amedrontadoramente majestoso.

Ao retirar o Azulejo, guardou-o na geladeira, ao lado da ave.

Era calor. Aquele poderia perder a emoção, e esta a gente pode congelar no refrigerador da memória, que é alimentado a cada minuto de cada corpo.

Fechou a geladeira.

Quando voltou à parede, chutou a bituca do cigarro longo, há muito sem chama e lembrou-se da cozinha. Mas, não deu mais importância. Tateando a parede, sentiu que pulsavam seus dedos pela areia torneada de tijolos claros, tão claros quanto a sua busca à sandice, de descobrir o que há por detrás da paixão. Desceu o que restava de unha pela fissura de massa em bolhas secas. Mais fácil. Porém, diferente do beijo que, quando seco, busca avidamente a saliva da emoção oculta entre as veias do desejo.

Baixou tão rápido que se encostou ao pinho que escorregara — já que só havia juntado os cacos, e o chão da cozinha era desnivelado — até aquele espaço que seria confirmação, já tinha sido volúpia e agora estava purificação.

Os dedos, tesos, subiam como uma tríade qualquer personificada em Ninfa fugidia. Percorreu por detrás do azulejo, que já não mais havia, com força, e a areia clara começou a ficar rosa. Embaixo, no chão, boletas de barro róseo com cheiro de pinho. Debateu-se e se enterraram os quatro dedos.

O polegar, com sua falangeta que harmonizava suaves suores, era o apoio, era o que demonstrava o clímax, de acordo com a ida e a vinda das cores de debaixo da unha: ora branca, ora amarela, ora rubra.

Os olhos esbugalhavam-se.

Descobrira um vácuo pelo tato e não alcançava mais nada objetivo, tão pouco palpável. Arrancou, impulsivamente, o outro azulejo e o estraçalhou no canto da porta. Com a outra mão, que dali a pouco estaria sangrando também, buscou, pelo buraco (caixa falsa do interruptor), transpor até o outro lado da parede. O pulso já estava com a pele toda se arrebitando no meio de areia, sangue, pinho.

Sorriu à meia luz, àquela que transpassava pelo orifício que conseguira fazer.

No rosto, manchado de argamassa e pingos de vida, era puro ardor.

Voou pela luneta que havia esculturado o pensamento, e pela porta foi para a sala, que era o coração à espera: nítida e até então inviolável, assistindo a procura, nas etapas do pensamento, da paixão.

Com ar de prazer de sentidos acontecido, deitou-se no coração da sala com a cabeça na cozinha. Seu corpo nu, sem os chinelos, assistia à mansidão dos sofás, que também eram vermelhos, assustados.

Sua cabeça, a meio-lábios que beijavam uns não já-dedos, ria e rodava pela cozinha que também rodava.

Soluçava convulsivamente ao ver a parede arrebentada e o chão sujo. A casa, de seu pensamento, destruída a respiração ofegante e a dedos vivos.

Em farrapos, levantou-se com um único dedo doendo (o da unha encravada) e puxou a porta da geladeira com os dentes. Esvaída, tombou pelas prateleiras, salpicando-as também de vermelho, agora mais diáfano, pois chegara quase ao fim.

Com o impacto, saltaram do congelador a galinha, por fazer no almoço de já-hoje de um lado, e o Azulejo do outro.

A galinha, estatelada, escorregou para perto da vassoura que dançara Gardel, com os olhos de ostra virados para ela e não dizendo mais nada, ou quase tudo, antes mesmo do entendimento.

O Azulejo, leve se partindo, ao lado de seus olhos parados, marejados e quase sem vida, porém sorrindo.

Entre um pedaço e outro do azulejo, no maior, bem incrustradinha, uma pequeníssima pérola.

Com seus fiapos de dedo, tocou-a com suavidade; entregou-se, languidamente, ao consolo de que aquela pérola, inviolável e sagrada, era a alma da galinha que a olhava feito ostra.

Era a sua alma.

Antes de parar o quase olhar, a única e necessária descoberta: a constatação da não-brancura do anjo.

A pérola era azul.

A PADARIA

Todas as noites, quando ele vinha do estúdio, parava na padaria para comprar um litro de leite e três pãezinhos.

O ar quente do lugar era um alívio em tarde de inverno. A fila corria lentamente. As velhas perfumadas com a sacra sacola na mão, crianças encardidas de escola junto às mães, homens de relógio e pulseira de ouro extrapolando a cota de leite.

Tranquilo, colocava as mãos no bolso e, olhando todo o movimento, cheirava pão, perfume, suor. Havia tardes que a massa o enjoava, então o ritual era quebrado.

Logicamente, alguém furou a fila, e a velhinha de um metro e cinquenta que estava à sua frente não deixou de se virar e balbuciar uma reclamação em "eles" sulinos.

A virada tosca, os pés em noventa graus, nenhuma ansiedade.

Na sua vez, o pão acabou. Chegou um tanto atrasado por sua própria culpa. Colocou as mãos em punhos inofensivos na beirada do balcão e vasculhou a presença de pão-de-leite, pão-de-queijo ou pão-doce. Nada. Recolheu as mãos, e as duas beiradas do paletó caíram feito asa de morcego na frente das pregas de sua calça.

Levantou a cabeça no momento em que uma balconista colocava no balcão mais elevado ao lado esquerdo uma bomboneira transbordando gomas coloridas. Admirado com a cor e a imponência daquele frágil objeto, viu a marca dos anos num cristal ainda radiante.

Ao dar um meio passo para notar de bem perto os desenhos feitos a mão no cristal, ouviu um já conhecido sotaque sulino, pedindo licença para solicitar algumas gomas à moça do balcão.

Era a velhinha de um metro e cinquenta.

Com um litro de leite e com os três últimos pãezinhos, os quais seriam dele, ela bate levemente naquele pote, mesmo cheio, ainda sonoro, com as pontas de uma unha grossa e amarelada, a fim de que fosse servida com um bocado daquele doce. Outra vez, *très bavard*, ela solta um comentário: seriam sessenta e nove ou setenta e nove anos que ela se delicia com aquela guloseima? E a vida toda o mesmo cheiro, a mesma forma, a mesma textura, o mesmo sabor, igual ao querer que cristaliza as palavras em ligas de fatos.

Moço, o que você quer? A bomboneira. A goma? Não, de paixão só basta uma. O quê?

Olha a fila! Seis horas! *Schneel! Très!*

Três. Gomas ou pães? Pães e um leite.

De posse da sua compra e de toda a atenção dos fregueses, cujos olhares iam desde a gôndola novamente cheia, passavam pelo furor da demora e chegavam até o desentendimento daqueles atos e diálogos sem sentido, abstraiu-se.

Cobrava-se de como não havia visto aquela bomboneira antes.

A velha. Por ser velha, entende de cristais.

Olhou de relance para o balcão, ela tinha se ido. Apressadamente pegou seu troco, amassou-o de qualquer jeito no mesmo bolso flácido e correu para a calçada.

De um lado, de outro.

Foi-se feito moça pudenda que foge do flerte inflamado de desejos.

Da ponta da sarjeta, ele se virou para a derradeira imagem de seus sonhos que desceu pela rua quando uma luz de carro lhe tira do devaneio do querer para o delírio de ainda estar vivo. Assim, ficou estático. A luz do carro e o reflexo do cristal fuzilaram suas retinas em forma de prisma.

Não podendo estacionar melhor, o motorista parou de qualquer jeito, resmungou duas ou três palavras e bateu com toda força a porta do carro. O estalido teso fez que ele seguisse tropegamente.

Dali a alguns passos, chegou a seu prédio. O porteiro entregou-lhe as cartas do dia e a conta de luz. Com um certo apuro, dividiu, entre dedos, pães, leite, cartas, chaves, botão do elevador.

A luz vermelha da seta que indicava a descida lembrava as gomas.

É melhor tomar um café.

Entrou no elevador que acabara de chegar e apertou, novamente com dificuldade, o botão nove.

Não teve outra alternativa, deixou cair as cartas para poder abrir a porta, que não tinha olho mágico. Era a da área de serviço, por isso também não tinha o número do apartamento.

Ao colocar os apetrechos em cima da mesa da cozinha, escutou o eco de um ressonar passado.

Parou, ficou quieto, achando que era a vibração dos talheres em cima do prato e da xícara e do pires que ficaram pela manhã, provocada pela mesa que estava desnivelada.

A porta, até então aberta com as chaves dependuradas, e as cartas espalhadas. Tomou uma por uma e a cada uma se mostrava desinteressado. Absurdou-se com a quantia de energia gasta. Mas, era preciso. Ainda, um papelzinho sem nenhum caráter que escorregava, pela leveza, para mais longe.

Cinco passos, a calça e os joelhos estralam, as falangetas móveis à procura. As unhas curtas fizeram que ele amassasse a folha tão rente e sujasse as pontas de uns dedos afilados. Aquela, em linhas tortas e letras frágeis, dizia: "amplificar nas trevas o sonho cultivado há tantos, pois a luz em ângulo reto, retratada na escuridão mais divina, fará que se aja com grandeza".

Essas foram as palavras não lidas. Somente tomou aquele papel tosco, para que não ficasse no chão qualquer vestígio de falta de higiene. Afora a pia por fazer pela manhã, a limpeza para ele haveria de ser simétrica sempre, tal qual o compasso da vida que, quando desanda em emoção, dilata as narinas e mareja as imagens; quando em estranheza, retrai os poros e seca o olhar.

Abriu a gaveta da mesa antiga, esquecendo, no meio de tantos outros, mais um recado a ser lembrado sem tempo.

A água para o café borbulhava na chaleira, enquanto preparava um banho quente para esquecer o inverno. Não era seu costume cantarolar nesse espaço, no entanto naquele preparo se lembrava vagamente de uma ária que, se não lhe faltasse sua memória, já ouvira pela sua mãe.

Com a toalha no pescoço, vestido com seu roupão de veludo azul-marinho cortado de listas brancas, ele foi antes passar o café.

Da xícara bordada a ouro, sem pires, o aroma se dissipava em cinza sabor do momento que não quer ser consumado.

Encostado na pia da cozinha com as costas ardendo de tanto tempo em pé, os pés cruzados, chinelos de tiras de couro, meias de lã cheias das bolinhas que marcam tanto uso.

Depois do último gole, virou-se para pôr a xícara na mesa e passou os olhos pela janela, sem pó. Tocou com o dedo em linha reta, esfregou a poeira invisível, estendeu um olhar vago para além-vidros.

Lá fora, era noite.

Valeria a pena parar um pouco seu pensamento nos pisca-piscas das luzes serenas.

Pairava o enxergar, e as luzes cresciam em estrelas de três pernas. O risco de cada uma delas tonalizava em três cores diferentes a notícia — por vir, no último do pensamento, em nítida imagem ilusória, — da solidão.

Seus olhos também eram duas estrelas em três focos para aquelas que lhes brilhavam.

Pura constelação em olhos, em cidade, em céus vivos.

Piscou.

Brilho também precisa ser marejado.

No entanto, quando voltou às marcas da noite, elas já não mais se estendiam em tripés multicoloridos: pareciam bolas em fogo, cada uma de uma cor e a rodar.

Era ele que rodava. Havia esquecido as pílulas que estavam no bolso do paletó estendido jeitosamente ao lado da roupa para o dia seguinte.

Tomou trêmulo as boletas. Começara a arfar. Depois, voltou às visitas do fim do dia e começo da noite, ou, à do fim da noite e começo do dia – esta, porém, única e onipotente.

Não, ele não rodava mais, mas o céu rodava ainda. Por detrás, a claridade transparente da lua cheia circundava aquelas chamas.

Dois toques secos.

Já havia ouvido antes.

Dois toques que de secos só tinham o som. A torneira, não bem consertada, deixava cair, vez por outra, dois sempre duros e amarelos pingos na pia clara.

Não tirou o céu dos olhos, o ouvido dos toques, o corpo da vida, muito menos, o dia do pensamento. Na memória, aquele instante da cozinha confirmado anteriormente.

Havia descoberto o começo dos pontos que o tinha trazido até então.

Sorriu pela primeira vez no dia.

Segurou no batente da janela com as mãos em punho, como antes. Porém, o cristal agora era um pedaço do universo, e o prisma não era artificial, construído a balas de doce e luzes de bateria... Estrelas feitas a partir do autobrilho ressonavam na retina fotografada em si mesma: reflexo do nunca buscado e permitido.

A lembrança da velocidade da luz e da juventude, ao querer passar na frente dos faróis de seu próprio carro. Riu de nostalgia. O calhambeque vermelho e a menina clara de *écharpe* esvoaçante que jogava o rosto e os braços para trás, suavizando o vento veloz com o aroma de sua água-de-cheiro, ao mesmo tempo em que deitava o corpo pelo estofado negro.

Ele pensava conseguir trespassar a luz numa manobra em círculo. Os freios soavam, fazendo que o carro balançasse. Os faróis continuavam a iluminar adiante, serenos, e cheios de sereno ainda na sua frente. Os dois rodavam, riam, abraçavam-se e se tocavam.

Agora eu consigo!

Voltaram. E nesta volta se perderam. E o carvalho era grande...

Ao lado da cama, a mãe dele amedrontada fazia compressas quentes no rosto, ainda imaculado, da moça. O temor daquela pela possível descoberta sempre foi preeminente, o que a fazia prevenir o filho das castas, das raças; do carro, da noite. Ele não havia dado ouvidos. E agora?

A perseguição.

Viviam às escondidas, procurados em pagamento de honra antiga, em cuja intriga sequer haviam vivido.

A morte de mãe e filho por se imiscuírem com os nobres.

Com certeza encontrariam o carro, agora sem faróis. Depois encontrariam o filho. Um dia passado, e o vilarejo fervilharia.

Dos sentidos, a moça ia se recuperando, mas não os das pernas.

A dor. O desespero. O começo do fim.

Sem dúvida alguma, correria pelas bocas a recompensa altíssima para o reencontro, viva ou morta, daquela mulher.

O conto de fada com uma boa bruxa.

A mãe fez o filho tomar o corpo em febre da moça, conduziu-os a um cemitério e buscou com a tosca luz de uma lamparina de bojo amassado, reservando um querosene que queimava o ar de forma negra e fedida, uma tumba bastante antiga, desocupada há algum tempo. Esparramou o colchão de penas, um travesseiro de painas, um copo d'água. Algumas olivas.

Coloque-a aí.

Não poderia.

Ou não haveremos todos ao nascer do sol.

Era choro. Era frio. Era dor.

Não havia alternativa. Jeitosamente aquele corpo inerte foi colocado ali.

O moço quis ficar.

Nesta noite, não. Irão procurá-lo. Ela tem de ficar só. Salvemo-nos, a princípio. Ela estará bem.

A barba já crescida. Os punhos e o colarinho desbeiçados. Muito pó no resto da roupa. Começava a arfar. Era preciso ir tomar do seu chá.

Ficou em pé atônito, enquanto a mãe puxava a lápide cinza do tom da fumaça do café. A fresta, para a entrada de ar, de luz, ao amanhecer.

A moça aceitava a única situação, pois saberia que, com o passar do tempo, tudo cairia no olvido.

Primeira manhã.

Não se dormiu. Como previsto, deram busca na casa simples. Guardas e parentes. Foram humilhados, mas não havia indício de nada. Ele não tinha sido machucado, e o álibi foi o roubo de seu carro no dia anterior.

Gente lá da vila de cima.

De fato, conhecidos por cobiçadores e cleptomaníacos.

Raça podre e pobre. Desprazer em vê-los. Sorte de se safarem desta!

Teve de passar um bom pedaço da manhã para poderem ir ter com a moça.

Ninguém passava, daí conseguirem entrar na tumba que era grande. Ela passara bem, pois sobrevivera. Não reclamava da dor, muito menos das circunstâncias. Olhos não havia para mais nada.

Joselia Hernandez

A mãe cuidava com carinho daquela preciosidade, e o filho, em puro pavor, tentava dominar o pejo pela situação.

As pernas não se sentiam.

Os dias se sucederam naquela lugubridade sem fim. A mãe buscava recuperá-la. Ele à procura da sobriedade. Ela abraçada a uma nuança de esperança.

Todas as noites, depois de um terço da madrugada, ele ficava com ela.

Dormiam juntos, relembravam os tempos agora não havidos. Do travesseiro, a moça esperava o sol entrar pela fresta deixada entre a boca da tumba e a sua lápide para acordá-lo. Outra vez, veria o dia passando por um fecho de luz e aguardaria a vinda do que lhe era preciso para o sustentar de uma existência de faz-de-conta, tão análoga ao nada, pior que a morte.

Entretanto, aos poucos foi fazendo daquele lugar uma vida. Passou a relacionar as suas parcas vontades, quando a mãe ia lhe tratar. Já sentava e conseguia afastar um pouco mais a lápide quando queria.

De lá de dentro via o trigal dançando com o vento do outono; as flores ao lado florindo nas quentes estações; o frio fazendo correr as feias ratazanas para o fundo das tocas.

Ela e a mãe suportavam o confinamento.

Haviam-na dada por morta há tempos, contudo não podiam se expor. À espera da luz da manhã equivalia a do dia no qual se daria o perdão, e o nome dele não mais seria sinônimo de torpeza e desonra.

Assim, passou-se o tempo até que ficou sozinha, sempre só esperando a postura da grande estrela da noite para recebê-lo.

Porém, não viria mais.

A coragem de não a ver e a culpa, que o consumia, foram mais fáceis de esconder por trás de qualquer máscara que se tira de dentro da alma para suportar o peso das horas.

A mãe sempre em postura branda.

O desespero, agora, maculou.

Não havia mais sentido.

Aquela vida transformara o seu corpo. Seu cabelo tinha crescido e era cheio de bolinhas; o corpo nunca levara um banho – do aroma suave da água-de-cheiro só o seu pensamento trazia –; a roupa eram trapos.

A umidade do lugar lhe havia provocado uma espécie de fungo na pele e sob as unhas duras, esfarelentas nas laterais, amarelas. Toda vez que a mãe ia vê-la, escondia em farrapos a que fora uma bela mão, agora monstruosamente intocável.

E nada mais lhe trazia o desespero, senão aquelas mãos. A noite tirava os panos que as envolviam e, pela fresta, com a luz das estrelas e lua, ela virava de um lado para o outro e via aquele resquício de gente.

Ele não mais voltara.

A degradação do sentimento por um alguém que não mais vê nobreza na libélula que pousa no lago é como a degradação do corpo em passos lentos: a pele esmorece e o coração não mais vê tudo em rosa. Fecham-se os olhos. Para sempre.

No entanto, ela estava de olhos abertos, e nos dedos deformados – roídos, talvez – de uma das mãos, um pedaço de cal, de tijolo ou de torrão.

A mãe não entendeu. Só lhe fechou os olhos serenos que, por certo, ainda viram pela fresta um último sereno, e lacrou a tumba.

Para sempre.

E da tumba, sobrou apenas a face serena; ser impávida em tantos fogos-fátuos por acontecer. Quebrado no canto superior esquerdo, o mármore cinza em pedra viva fazia reluzir o mineral rude, escondido um dia na sinfonia dos sobrepós, das sobreareias, das sobreterras, do sobremundo.

Era noite clara, para depois do quarto do mês, turvar.

A mãe seguia em chinelos de tiras de couro. Não viu o que ficou. Tão apenas seguiu. Mãe sempre segue, independente dos pedregulhos em brasas.

Josélia Hernandez

O chuveiro já estava mais que brasa. Havia-o esquecido ligado. Correu. A banheira transbordava em fervor transparente. Teve que dar um jeito e tirar com a ponta do rodo a tampinha para deixar aquele fogo em translucidez pura esvair-se cano afora, misturar água gelada e depois tomar seu banho.

Tirou o roupão, as meias com bolinhas, o chinelo. Pisou cuidadosamente, achou a água ainda quente, mesmo tendo destemperado, e relaxou aquele seu corpo em vão.

Imergiu até a alma. A cabeça de fora, os olhos entre respingos quentes e ideias que se cristalizavam em passado congelado, somente dele, cruzado em *ts* de eletricidade que apenas conduzem energia.

Era ela que precisava resgatar e ligar no *aí* para terminar a sua escultura. Haveria de ser no próximo dia.

Absurdo dia a cheiro de amoníaco misturado com argila.

Fechou os olhos enquanto tocava o corpo com uma espuma de cheiro já conhecido. A banheira transbordava novamente. Levantou-se e buscou a toalha verde. O coração agora batia em treme-terra ofegante. Descobrira a fórmula. Passou os felpos aleatoriamente pelas costas, calçou de qualquer maneira os chinelos de couro e saiu em busca da roupa preparada para a manhã seguinte. Colocou-a rapidamente. Penteou-se de qualquer jeito, tomou de mais uma xícara, já sem a fumaça aromática, abriu a porta da frente, voltou, mesmo tarde da noite, ao seu estúdio.

Derradeiros toques a dedos, espátula, cinzel.

Eram calos em flor.

Era madrugada.

Era terminada a mão, a dedos.

Apoiou-se na estante de ferramentas e levantou os cabelos que caíam aos poucos em seus olhos e sonhou meio termo de ilusão.

Para a manhã seguinte, estava pronta a sua arte.

Ora, mas já era a manhã seguinte, e ele nem havia se dado conta. O prédio já começava a funcionar, e logo chegariam os apreciadores.

A peça, segundo as expectativas, valeria estar exposta pelo simples fato de comparação.

Havia deixado para a última hora e, naquele mesmo dia fino de inverno, à noitinha, estaria na galeria para apreciação.

Não foi ao *vernissage*. As luzes dos *flashes* curiosos só o denunciariam na manhã seguinte.

Os jornais atropelavam as notícias malsucedidas, ao mesmo tempo em que a bacia flácida com água muito quente escaldava os seus pés já vermelhos. Constipara-se na madrugada anterior, quando não se agasalhou como deveria.

Os olhos em puros vasos (das críticas ou do resfriado?) corriam de um lado ao outro por todos os jornais que tinha pedido para o porteiro lhe trazer. Do lado, uma xícara de chá com uma fumaça clara.

Era inconcebível a sua audácia. A mesma mão que faz a massa era a própria massa. Por um lado, afoitamente dedilhava na espinha dorsal responsável por filas sem contas, por cotas tontas, por nada em conta; por outro, trazia a memória muito remota dos jogos das luzes em frestas ou em prismas, opacas ou coloridas, contudo as que representavam o querer dissipado há tempos no suspiro do espaço.

A água já estava morna. Lavou seus pés com um sabonete medicinal – alguns recursos primitivos herdados de sua mãe –, enxugou cuidadosamente os vãos dos dedos, calçou meias de lã com bolinhas e seus chinelos de couro.

Desligou o telefone que não parava de tocar. Que pagasse mais impulso, para equivaler ao gasto de luz…

Andou doloridamente até a janela, colocou apenas uma mão em punho no batente, a outra segurava as costas na altura do rim esquerdo, e olhou para a frente do prédio. Uma celeuma. Conseguia ver de cima alguns emblemas nos carros estacionados de televisões, revistas famosas.

Não saiu de casa naqueles dias.

Acompanhava tanto o seu quanto o destino de sua escultura pelos noticiários. Haviam resolvido apreender a sua peça e interditá-la ao público.

Os dias começaram a se tornar difíceis. Também seus patrocinadores se assustaram com a sua arte e, com medo de serem punidos, romperam contratos.

Com o tempo, a agonia foi dando espaço, novamente, à monotonia.

Não era mais assunto de primeira página. (O porteiro lhe continuava fiel).

Aos poucos foi saindo de casa, com seu terno em forma de asa de morcego, uma *écharpe* leve. O frio intenso também passara como as notícias do jornal, como o sereno da manhã, como as luzes da noite: somente permanecia o querer mais que bem-querer cristalizado em uma gota de sangue em alguma parte do seu corpo.

Talvez, quem sabe, no vaso que não se dissipou do olho esquerdo desde aquele resfriado.

Naquele dia caminhou muito. Passou pela frente de seu estúdio. De baixo, via folhas de jornais tapando os grandes vidros. Na porta, pessoas cochichando.

Quase noite, passou pelo espaço que confirmava o seu odioso cotidiano.

Era silêncio.

Autômatas, as velhas com as sacolas seguiam; as crianças, quietas, com suas mães; os homens avantajados pediam só um leite.

Sem cheiro de nada.

Da fila, não via mais o colorido transbordante da padaria.

Uma voz de velha atrás. A virada tosca, os pés juntos, toda discrição e curiosidade. Mas, os "eles" não eram sulinos. Algumas palavras tristes por uma velha de mais de um metro e cinquenta: as exéquias seriam pela manhã, a mão esquerda havia sido amputada...

Sobressaltou-se com o barulho teso de uma porta de carro batendo. Suas luzes estavam apagadas.

Tirou as mãos do bolso e as soltou pelo corpo. Passos lentos. O paletó esvoaçando na frente das pregas da calça.

Apertou sem dificuldade o botão nove do elevador, pois só tinha nas mãos as contas da luz e telefone. Nem as observou muito menos se absurdou.

Ao entrar pela porta sem olho mágico, foi colocá-las na gaveta da mesa antiga que fazia trepidar xícaras e talheres. Ela estava emperrada. Puxou com força, e caiu no chão limpo com todos aqueles papéis sem rumo, porém com destino.

Agachou-se, e os joelhos estralaram. Pegou com seus dedos afilados, calmamente, um por um. Tomou aquele esquecido, já amarelado, agora com o caráter da solidão.

Leu.

Pela manhã, todos atônitos: as mães e suas crianças não suadas e com roupa de domingo; velhas sem sacola, mas de terço na mão; homens de alinhados ternos escuros. Ele com a barba crescida.

Polícia.

Os coveiros carregavam a lápide cinza para perícia.

De longe observava cabisbaixo. Começava a arfar. Nada estava consumado. Por quantos prismas não artificiais ainda teria de passar?

A urna foi colocada na tumba e provisoriamente lacrada com madeiras que deixavam algumas frestas.

Todos se seguiram embora numa lugubridade sem fim.

Ele se aproximou e vagarosamente espalmou a mão sangrando pelos espinhos a rosa vermelha que segurava firmemente.

Também seguiu sem olhar para trás. Suas botas de couro rangiam.

Em casa, daquele diáfano sangue, lavou as mãos.

Da torneira, sempre os dois duros e amarelados toques dos pingos na pia clara.

Sentou-se com o bilhete do lado.

Pelos olhos fechados, não surgiam as estrelas do pensamento. Somente balbucios dos estranhos conhecidos que estavam naquela solenidade comentando o ocorrido.

No verso da lápide cinza quebrada, no canto superior esquerdo, ao lado do avesso branco das duas cruzes superpostas, estavam cravejadas duas imagens, fossem fotos de lambe-lambe, de um moço e de uma criança. E, paralelo a elas, quase que ininteligível, tremidas letras desenhadas a torrão de terra, a tijolo ou a cal diziam:

— *E eu continuei, minha mãe, comendo uma mão e escondendo a outra...*

A tumba estava vazia.

A TELA

O desenho que ela fazia não era o normal: pinceladas turvas, quadradas, brilhantes, ofegantes.

Cansativo. E eram infinitas que, de tanta profundidade, logicamente, ela se perdia. No perder dos desvarios, um sonho cardíaco de se ser feliz.

A singularidade dos tons doados em dedos dissonantes roubava a profusão da tinta já quase amanhecida, furtava a cor da água acontecida. E faltava a liquidez dos movimentos do pincel, do qual o pelo se enrijecia e se encaracolava.

Ouvia-se de longe o ranger na tela; os tubos em esguichos vagos; a água que faltava.

Resolveu a atitude intimidada pela aflição da alma. Calçou os chinelos – não se anda desnudo: caso o seja, é o constatar do tempo duro em cerâmica perfeita nos calos duros de uma vida quase perfeita. Sentir a vida pelos pés é a pior das dores: Só perde para a dor de cabeça: o despertar da existência num soluço descompassado de coração à deriva.

Com o pincel na mão, chegou à torneira. Girou lentamente o registro, e aquela água quase torrente lavou feito vento os pelos daquele instrumento. A água não levava mais a cor, levava um pouco de vida junto. Células mortas.

Ensaboava-se.

O cheiro do sabonete impregnava a casa de uma ilusão quase infantil. Era de glicerina. E, quando viu, a glicerina tinha acabado, o sabonete tinha acabado. Tão somente o perfume pelo ar, a espuma pelas pernas, pelo ralo; pelo pescoço, pela parede; pelos seios, pelo nada, pois se desmanchava a cada lufada de ar que entrava pela janela.

Arrepio na coluna.

A toalha ficara no varal e, quando se anda nu pela casa, as violetas descobrem o seu segredo.

Ela voou para debaixo dos lençóis e tremia muito de frio, de susto, de medo, de paixão.

Havia-se banhado.

Havia-se despido.

Há que se buscar seus enigmas sob o travesseiro, senhor absoluto de todo pensamento.

Molhou todo o colchão.

Bebeu de sua saliva seca a última sensatez. Sua língua, fosse o pincel, pela tinta ávida, na tela já em boca púrpura, por receber tantos beijos rotos pela pele do tempo.

Não sabia mais onde terminava a cama e quando começava a tela ainda por fazer. Não tem problema: a cama ficaria por fazer.

E nela estatelou-se. E nela estrelou-se.

É lógico que tudo começou a rodar... Não precisava muito: quando estrela pisca, a solidão se esvai.

Rodou mundo. Rodou mundos e fundos, até ficar tonta, até ficar seca, mesmo com o colchão úmido – do banho tomado ou do amor roubado às avessas?

Amanheceu.

Calçou os chinelos, personagem que foi esquecida.

Num despertar de rompante, aquele mesmo chinelo, fofo, entregou-lhe de volta à pia... à água torrente da pia que aquela púrpura boca de tela amanhecida esperava.

O pincel? Descabelado, ao lado do sabonete.

O sabonete? Vivo, porque cheiro é imortal.

Ela? Singularmente, antes de escovar os dentes, tomou da água e orvalhou suas violetas ofegantes e brilhantes que, em todo (e com todo) seu segredo, arrepiaram suas folhas em pinceladas naturais de alvorecer.

À FLOR DA NOITE

Eram paralelepípedos molhados, em pequenas curvas salientes, delineantes. O estalido agudo e acre do salto, suando naquela contradança desesperada, cada vez mais se aproximava.

O vestido de viscose marfim grudava no corpo umedecido agora pela chuva, antes pelo suor. Decote em vê via e sentia nitidamente o arrepio avermelhado vivo de frio. Uma pérola aflita rolava ora de um lado, ora de outro.

Um certo tremor (de frio ou de aflição?). Por que haveria eu de temer algo: sou a própria noite sempre em pele viva, em passos vivos. E aquela rua era perseguida sem perdão. Perdão de ser andada, de ser escondida, de ser apenas travessia, de ter casas, de ter folhas caídas, de ter matinhos na guia da calçada, de ter beijos e mijos escondidos atrás dos postes, de ser insana.

O desejo da madrugada quase havida.

Naquele dia, queria apenas dançar, e ao sair em busca da lua, correndo cada vez mais rápido pelas nuvens esparsas, mas escuras, olhando atrás de uma calha e outra, o susto: um grilo enorme e verde grudou na sua blusa vermelha. Agora não eram mais nuvens que corriam nem lua que rodava. Ela própria se perdia entre ziguezagues pela calçada, chacoalhando o tecido fino, assoprando não se sabe o quê, soltando gritos de pavor desenxabidos.

Como todo bom ziguezague leva para lugar algum, lá foi ela de topo com uma árvore. O grilo, coitado, acabara de virar um broche.

Assustada, acanhada, puxou a saia na altura da anca, estapeou literalmente o colo à procura da pele. Respirou tranquila. Puxou a gola da camisa vermelha que exalava um aroma bom de perfume e cheiro de mulher suave. Era um cheiro de maçá verde.

Olhou para os lados. Não viu ninguém. Olhou para cima, apenas folhas, por trás, timidamente, um rabo de clarão da lua. Deu um passo e saiu do meio das raízes da árvore. Foi o momento do salto, para voltar ao lugar de antes e abraçar os restos mortais daquele que, inofensivo e inocente, foi tão esmagado por ela.

— Que sua alma me proteja!

Abraçada à árvore, lentamente voltava seu rosto para o lado esquerdo, à procura do inverso de onde ela estava. Tinha certeza de que não encontraria nada.

Era um olhar de jabuticaba molhado; sobrancelhas contínuas, determinantes.

O aço de um zíper rasgando o silêncio e fechando o primeiro ato.

De novo a crosta da árvore. Uma perna e uma asa do grilo que haviam grudado na crosta. O corpo. O corpo já sendo anunciado pelas formigas da noite.

Vou de novo pelo lado esquerdo. Certamente, previsível como todos são, ele irá pelo direito.

Agora, usando a nervura da árvore como um apoio, suavemente seus dedos puxavam seu corpo para o lado esquerdo novamente.

Todo temor.

Sem pestanejar, aqueles olhos.

O coração na boca.

A falta de qualquer razão.

O lado direito, agora. Outro temor.

O esquerdo. A constatação de uma cicatriz de catapora no meio da testa.

Um lado e outro.

Agora não só o olhar na dança do ziguezague, mas os ombros, intactos.

Do grilo, apenas um pó tímido e verde na textura da árvore.

No chão, o cortejo fúnebre já passado sofria um bombardeio de um salto insano.

Aquilo tudo foi compondo uma música sem notas, apenas rastros e esmagamentos e estragos.

Logicamente que aquela blusa de cetim vermelho foi a primeira atingida, seguida de uma gravata verde-oliva banhada de formiga. Alguns botões pelos paralelepípedos e canteiro.

Fios de camisa branca e fios de sangue.

Apenas o roçar. As fibras da árvore compunham uma escala melódica de prazer em carne viva.

Pelos nus em dança com as costas separadas pela árvore.

As formigas em desespero.

Aqueles toques indeléveis, gritos de dor, gemidos de prazer.

E muita dança... Todas as músicas, a boca da lua escondida sabia. Um bolero, uma balada lenta, um *jazz*.

Ela dança muito bem. Pena o salto ser muito alto.

Ele dança bem. Pena o sapato cheio de lama.

Um acorde longo e pianíssimo em sétima para se desgrudarem da árvore. Uma volta graciosa, com a saia em retalhos.

Seu mundo idealizado resumido na voz da lua, na árvore cafetina, formigas alcoviteiras, um anjo em forma de grilo.

Não haveria que se preocupar com mais nada, pois os sentimentos anônimos que brotam na solidão se curam com a harmonia da música e são definitivamente cicatrizados com o ritmo e o toque da dança.

Certamente, o dia seguinte seria o do despertar da amante.

Quarto claro, cortinas claras, lençóis claros, vestido de viscose marfim. Depois do desjejum, eles sairiam pelo jardim, ouviriam o cantar dos pássaros, ririam muito ao tentar adivinhar de qual espécie seria um ou outro piado.

Sairiam atrás da correição de formigas (não as da noite) e sentiriam o arrepio da cena ao mesmo tempo curiosa e peçonhenta.

E como elas vêm de vários caminhos!

Com uma varinha na mão cada um, resolveram descobrir de onde saíam aquelas formigas.

Ela seguiu por um lado, e ele seguiu em linha reta.

Eram tantas que a atenção se voltava só para elas, de maneira que o som dos pássaros foi desaparecendo. Só ficou o estalido das folhas delicadamente pisadas por elas.

Não conseguia pensar em mais nada a não ser naquele caminho negro e movediço.

Alguns suores na testa. A maçã do rosto avermelhada. Ofegante.

Os arbustos se fechavam e eram mais baixos. Um ramo cortou-lhe o ombro.

Abaixou-se e percebeu o fim ou o começo daquela mudança. Um buraco, não muito pequeno, com a terra um pouco fofa. E aquela aflição estampada nos movimentos ágeis daqueles insetos.

Como duas gotas de suor penetraram seus olhos agora ardentes, passou o dorso da mão em uma lágrima grossa.

Sem resistir, com a vareta que carregava mexeu naquela terra meio fofa. Histeria total. O formigueiro pegou fogo. E naquele borbulho de brilhos ruivos em movimento, outro brilho que não o das formigas.

Surpresa, revolveu novamente a terra. Era uma corrente, não tão grossa, mas de ouro.

Tentou puxar com cuidado, mas as formigas pareciam pesar e começaram a subir pela vareta.

Assustada, soltou-a que logo ficou encoberta.

Sem atinar que poderia tomar outro ramo qualquer para fazer isso, enterrou sua mão no formigueiro.

No centro daquele rosário vivo e enfurecido, uma pérola.

Chorou de dor.

Chorou de emoção.

Virou-se para mostrar na mão em chamas o prêmio.

E só viu arbustos baixos.

Desesperou-se.

Tentou se levantar, mas arranhou o outro ombro. Colocou a pérola e saiu seguindo o rastro, agora totalmente caótico, das formigas.

Rasgou-se, desgrenhou-se, correu.

E perdeu seu amado há tão pouco real.

Ajoelhou-se, arfante, agarrou o que agora tinha lhe tornado um objeto-de-paixão. Aquela gota calcificada e lustrada pousava sobre o seu peito e acalentava sua alma.

Sabia que à noite a pérola do céu lhe mostraria o caminho da busca, do encontro com o amado.

Quando chegou à cidade, de fato já era noite e, como se estivesse petrificada pelo veneno das formigas (da tarde), começou a descer a rua de paralelepípedos molhados à procura do zíper que sangraria o silêncio ao abrir o segundo ato do que não aconteceu.

A AGULHA

Tec! Tec! Tec! Tec! Reenheec!...

Era uma das mil tentativas de continuar sua confecção, no entanto a linha pegava na embocadura do carretel embutido. Ela pousou os pés em descanso no pedal, levantou os óculos que escorregavam por um nariz afilado e oleoso, abriu a tampa da caixa interna da máquina e tentou com a ponta da tesoura arreganhada puxar aquela quantidade retorcida de linha verde-claro misturada com óleo Singer.

Depois de deixar toda a sua digital em folículos de suor pelo verniz da madeira, conseguiu, enfim, arrancar uma massa de linha mascada quase tão una em sua nova forma compacta e liguenta pelo óleo, como o pensamento antes do sonho.

Ao tentar tirar o carretel para reabastecê-lo, notou que sua chapinha de encaixe parecia ter se encaixado para sempre. Puxou a cadeira meio sentada, ajeitou-se na almofada encardida e, cheia de pequenos pedaços de outras linhas, de outros panos, os quais, provavelmente, já estariam protegendo tantas vidas, levantou de novo os óculos, aproveitando para dar uma coçadinha na ponta do nariz e tentou arreganhar aquele retângulo limitado com aqueles dedos ágeis. Não conseguiu nem arreganhar – já que máquina de costura não se pega, mas toca – nem tirar a peça emperrada.

Parou.

Suspirou e ajeitou o seu coque desmantelado.

Algumas caspas, pelo verniz brilhante, três cabelos compridos presos na sua mão: um deles já branco.

Josélia Hernandez

O tecido de seda, também verde-claro, porém sem manchas de óleo, estava todo amarrotado no pé da agulha. Amarrotou-o um pouco mais, para cortar a linha que vinha do carretel de cima, quando esbarrou naquele espinho sem vida o seu indicador direito.

O sangue latente não teve dúvidas: pariu em liberdade crescente.

O pano.

Poderia manchá-lo e não era dela.

Seu corpo.

Enfim, desvendado depois de tantos anos.

Aterrou-se.

Pela primeira vez, o que fazer?

Aquela boca carmim latejante, o susto em carne viva, o tecido alheio de seda, a máquina sem forças, o corpo estanguindo, apenas assistindo àquela cena, sem nem mesmo saber que era o camarim da personagem principal.

Não! Não fez nada. Nem mesmo chupou seu indicador. Nunca houvera acontecido isso antes em 48 anos de costura, e, de repente, mesmo naquela idade, estava ela cara a cara com o signo de sua vida: a lembrança do processo da concepção perdida.

Segurando com o polegar embaixo do dedo, fitou a cortina que escondia uma pequena janela com grades cinzas.

Os olhos em losangos vivos miravam o nada, corriam estáticos o tudo sempre deixado para depois.

Tão somente uma das estátuas em vida do inerte vulcão.

Estátua em pura essência. Lá estava o dedo em chamas nas cinzas que já haviam sido chamas. E ela nem sabia...

Porém, como saber, se o instrumento daquele incidente é tão antagônico, é tão paradoxalmente natural? Ao som rangente das engrenagens, ele só faz delinear o espaço nulo, no entanto contínuo, entre o superior e o inferior. Compassadamente, a agulha em lúdicos saltos descreve a existência.

E por isso mesmo o antagônico, o cômico, o único...

A coma.

Aquele dedo performático dos sentimentos em alegorias alinhavadas urgia uma maca estática, uma cama incólume, para largar os seus músculos e olhar para o teto em pulsão viva até o ressequimento.

Os dentes em janelas de casa de avó. A língua em limitada dança de cortinas atrás do vento boreal. O laço dos lábios impedia a fugacidade tão precisa – do desejo ou das palavras?

O sangue não foi tomado nem mesmo uma palavra pronunciada.

Como levantar os óculos? Era aquele o dedo agente. Agora o ritual, mesmo que inconsciente, seria quebrado e quebrar rituais domésticos é terrível! Dominar o cotidiano é ser humano; o contrário é ser divino e, justamente por isso, o temor assola os membros, as pernas se esvaecem em plumas, e a casa fica toda cheia de penugens.

E estava, só que de linhas.

As pontas dos pés encontradas, agora na poltrona cheias de sacas de retalhos.

Uma mão segurando a outra. O dedo ferido em arco.

Que fazer?

Buscou nada em seu pensamento, mas na máquina que lhe apresentava irônica, sádica. No entanto, pura. Ela não maculara, já que óleo não é sangue e, por não ser vida, não irriga sentimento.

Será?

Os olhos fitados na agulha, descansada, assustada por não estar artimanhando mais uma festa, mais uma roupa como todas as outras.

Ah! Meu Deus! Não há sentido. Por que correr atrás do óbvio! Furei o dedo, e daí? Dizem que um professor fumou o giz, pensando ser o cigarro, entretanto a aula continuou sendo dada, apesar dos dentes em baixo teor de cal...

Josélia Hernandez

Ululante era o aço intocável!

E eu aqui buscando o lógico? Alguma coisa errada...

É claro que não pôde suportar a ansiedade, afinal até o Porta-Égide cedeu às outras deusas sedutoras de pensamento. E cedeu justamente por elas serem crias dele.

Tomou, então, na saliva o seu próprio sangue.

Os joelhos que acompanhavam os pés pressionados cederam. As costas, também. As mãos caíram no meio das sacas. A cabeça contornou o encosto da poltrona. E, por causa disso, os óculos recostados na orelha sofreram a mudança de ângulo.

Ela não os tocou.

A estátua era hilariante. Mas, o gosto da vida, no céu da boca, puro pela língua era o ponto que faltava.

A vida ainda não ida. Somente cosida em trapos de seda.

Se fez em chita e buscou a goma.

Engomou tudo: alguma gravata de formatura com tons vinho (se não falta à memória); o vestido de dama, cujo fio puxado (por aquele cãozinho que estava ao lado), cortou com os dentes, como se acorda do sonho não possível, mas realizável; o moletom branco (que de cordão umbilical passou à corda no pescoço) de uso comum; o *short* em verde *neon* como as ondas do mar, que para os surfistas é a mais simples forma de ver o mundo redondo (ou ovalado? – Não sei! Não sou Colombo...); a camisa azul em xadrez, aguardando do outro lado do espelho (até quando?); até um pijama cáqui, que por ser cáqui, pensara ter caído no olvido (o *pink* é bem mais penetrante, mas atormenta o sono...). Engomou, ainda, uma pequenina peça amarelinha...

Era a completude revelada pelo frio nas costas figurativizado pela agulha.

Ao dobrar o que passou, antes de colocar na gaveta dos sentidos, começou a observar a linha ereta em cada peça cosida por ela, deixando que aqueles caminhos percorridos pela agulha a levassem ao mais concreto de sua arte: o ponto contínuo, justo, brilhante.

Cada ponto daquele foi tecido no maior cuidado, no maior compasso, regido pelo ritmo pontiagudo do seu silencioso segredo, até então.

Tocava naqueles caminhos percorridos e suspirava o êxito. Lembrava-se nostalgicamente da busca de cada tecido; da sensação exaltada do primeiro corte em cada um deles, igual quando se corta com o dente a embalagem do chocolate: salivam-se os lábios pelo desejo úmido do único sabor; do sutil cuidado na escolha adequada da linha, pois era ela, como as palavras, que iria juntar as partes partidas; depois, do uníssono trabalho com a máquina, que para ela não era a máquina, mas a ajudante de costura. E entre elas duas não havia a relação patrão-empregado. Elas se faziam em uma só: contempla-vam-se e se completavam.

A máquina sempre alimentada em suas engrenagens; sempre revista em suas gastas correias; sempre limpa dos pós deixados pelas palavras. E ela, toda faceira com a sua ajudante, por nunca a ter decepcionado.

Contudo, em tudo há sempre um porém desvestido de qual-quer culpa. E nele, muitas vezes, os pensamentos se embaralham, as palavras se fazem quebradiças e o ponto sai torto. Isso não quer dizer a perda do pano; mas a costura franzida, cuja correção se dá quando se puxa a linha debaixo com jeito – isso, aquela que nunca aparece, mas que mantém o ponto firme – e se desfaz um pedaço da costura. É preciso de vez em quando rever o avesso: é nele que, muitas vezes, mesmo entre orlas não chuleadas, encontramos o alinhavo perdido.

E, talvez para que se virasse no avesso, é que a máquina absor-veu toda a linha, e num gesto quase insano foi que, ajeitando os óculos, ela reagiu com a ponta da tesoura. A máquina só pôde se ancorar em sua única arma, a agulha, para que a partir disso o ato da costura tivesse, de fato, o verdadeiro sentido.

Levantou a cabeça. O coque havia se amassado. Na ponta do dedo direito apenas uma pontinha seca avermelhada. Estancaria, mas latejaria muito ainda.

Puxou as saias até os joelhos, ergueu a liga da meia até o começo da coxa. Ainda meio letárgica voltou à máquina, agora tendo consciência de tudo, mas não sabendo lidar com o nada.

Arrastou a cadeira um pouco longe e sentou-se bem na sua pontinha. Não colocou os pés no pedal. Apoiou um lado do queixo na mão esquerda, e com a outra, – sim, a ferida –, começou a carinhar o bolo verde-claro da linha lambuzada com todo aquele cuidado que se pega uma ave. Buscou desembramá-lo lentamente.

Os olhos fixos.

Cada tentativa era em vão. Os nós não cediam e cada vez mais se firmavam em sua personalidade compacta.

O dedo, além de tudo, começava a ficar oleoso.

Parou.

Virou-se para o pano de seda verde à espera que a fitava e que a responsabilizava por ainda não ter as partes ungidas, já que uma vez partidas precisavam da recomposição.

A prova em 48 anos. Haveria de escolher, não havia escolha. Ou lançava fora, furiosamente, aquele bolo ressentido e não tocaria mais a máquina, passando a pegá-la apenas como um simples objeto de trabalho, ou montaria, mais uma vez, uma roupa que nem por ela seria usada, mas que dela estava fazendo e faria uso.

Ajeitou o coque. Levantou os óculos (o sangue já não mais existia), ergueu-se da cadeira e a afastou para bem longe, como se fosse fazer alguma mudança na posição dos móveis. Encostou a tampa de madeira no corpo da máquina e a empurrou também para longe, lá perto da cadeira.

Buscou uma vassoura que vivia cheia de linhas e varreu aquele espaço.

Foi até a seda e a tomou.

Ao voltar e se ajoelhar no chão, seus joelhos doeram, pois a liga havia cedido outra vez e os machucava.

Não ligou para a dor.

Montou naquele chão limpo a peça que haveria de coser. A seda por si só já tinha existência, ela apenas a personalizou em alguma forma de algum corpo, no entanto não as uniu para sempre, pois isso a seda escorregadia, mesmo querendo, sempre se esquivou, sempre escapou, porque é mais fácil ser fugidia que ter de cobrir um corpo. O contato com o suor é repulsante, é impregnante e tira a beleza da cena, por isso, muitas vezes, nem ser cosida ou ficar no vestuário.

Depois da seda jeitosamente exposta, empurrou de volta a máquina para aquele mesmo lugar.

Teve o cuidado de levantar suas quatro rodinhas para subir na seda sem desmanchá-la, o que foi quase impossível. Precisou de várias vezes se abaixar – e a cada vez os óculos desciam – para puxar aqui e ali o pano em represália. Mas, não teve jeito! Não cedeu à seda. Lá estava a máquina em cima dela.

Trouxe também a cadeira. Sentou-se. Lá estava ela por cima da seda.

Ofegou. A tarefa, a toda vida, pareceu-lhe irrealizável.

Agora a conversa se daria como se fosse nas loucas gramas de alhures.

Trouxe a cadeira mais para perto do móvel. Ajeitou a almofada encardida.

Da máquina abaixou a tampa de madeira, tirou o carretel de cima, fechou a caixa embutida com o bolo de linha dentro.

Subiu os óculos. Agora estava vendo melhor.

Tomou o pedal, ajeitou o coque e a saia. Sobre esta, algumas caspas.

Abaixou o pé da agulha e sem linha nem pano começaram a se costurar.

A agulha no indicador direito só havia sido o primeiro ponto, o primeiro ato sacramentado de que a ferida para ser cicatrizada precisa do avesso, precisa do movimento de subida e de descida, precisa deitar pelo chão a causa da dor, transfigurá-la e fazer dessa o patamar para a continuidade da cena infinda, na qual o outro, para dar luz ao cenário, sempre vai buscar a altivez, o contínuo, o linear do que é uníssono, como os pontos da máquina, como os passos da vida.

Tec! Tec! Tec! Tec! Tec!...